Kolofon
©Mathias Jansson (2021)
"Di ångermanländska VII – Litterära sällskap."

ISBN: 978-91-86915-54-4

Utgiven av:

 "jag behöver inget förlag"
c/o Mathias Jansson
Tvärvägen 23
232 52 Åkarp
http://mathiasjansson72.blogspot.se/

Tryckt: Lulu.com

Förord.

Det har under historiens gång funnits fler olika litterära sällskap och grupperingar som har varit viktiga mötesplatser och knutpunkter för den litterära utvecklingen i trakten. Jag tänker bland annat på Sällskapet de sju, Bastuvisans vänner, Balders Bröder och det litterära utskottet till Sågarbetarföreningen avdelning 54.

I den här volymen av "Di Ångermanländska" har jag därför valt ut ett par av dessa litterära sällskap som har haft en stor betydelse för litteraturens utveckling och där några av våra mest betydelsefulla poeter varit verksamma.

Trevlig läsning!
Hilbert Broman

Sällskapet de sju

Sällskapet de sju är ett litterärt sällskap bestående av sju medlemmar som varje år träffas i oktober i Jontes timmerkoja i Finnmarken för att umgås, äta och dricka gott och berätta skrock, skrönor och skrömt för varandra. Sällskapets grundades av Erik Nyman, Johan Johansson och Jonte (John Eriksson). Följande berättelser har nedtecknats av min far Helge Broman, som också var medlem i sällskapet.

Sup-björnen

Det berättas om en björn i Finnmarken
som fann en flaska brännvin
gömd i en myrstack
björnen fick smak för spriten
rödögd och folkilsk drev han sen omkring
ställde till med stort besvär
för varje hederlig man
som försökte bränna för eget bruk

Min far, Bertil Nyman som var en känd filur
han stod en kväll i timmerkojan sin
skulle buteljera helgens stora arbete
när han hörde hur det krafsa på dörren
och undra vem det kunde va?

Han hann knappt öppna dörren
innan en brännvinsstinkade best
kastad honom åt sidan
rasande och morrande
slog björnen sönder hela kojan
och drack upp hela brännvinsatsen
innan han raglade hem i natten

Min far stod som skräckslagen
med ett stort rivsår på bröstet
när han sen återberätta hela händelsen
kan jag fortfarande höra hans bittra ord:
-Jag kan förlåta björnjäveln

att han drack upp all spriten
är man törstig så är man törstig
men må djävulen ta han
för han hade sönder apparaten.

Näckens gull
Tre flickor gick i vall
vaktade getterna sina
vid Högstas fäbodar
hörde på kvällen melodin
så vackert lockande och pockande:

-Vackra flickor kom hem till mig
jag är en rikeman, med gull och gård
kistorna fulla av tyll och spets
bordet mitt dignar av maten
aldrig är det tomt på faten

Flickorna följde rösten
till bäcken där näcken satt
och spelade på gullfiol
och i djupet såg flickorna
Näckens herrgård så grann
faten som var fyllda med maten
kistor fyllda med gull och smycken
med fina kläder av spets och siden

De hörde sjöfolket locka
-Kom ner till oss i djupet

så ska ni få allt ni önskar
förförda av allt det granna
steg flickorna ner i bäcken
försvann snart i strömmen
tagna av Näcken

Med den äldsta som läst för prästen
hade korset runt halsen
vaknade plötsligt ur sin dröm
och såg hur det verkligen va
lyckades som ett under
rädda sig ur strömmen
med de två andra var försvunna
de drunknade och blev aldrig återfunna
kanske sitter de än i dag
tills bords hos Näcken.

Belätet
En av di männen
som en gång i tiden
bodde uppe vid Lomtjärna
ville ha en egen kvinna
han täljde sig ett beläte i skogen
ristade tecknen i pannan och se
belätet blev levande
men det var en styggelse
obehagligt att beskåda
mannen försköt sin nya kvinna
och drev henne ut i skogen

Där gick hon sedan och lockade
vandringsmän med sin sköna sång
förförde dem med sin vackra röst
famnade dem i sina armar
och krossade sen varje ben
i deras kroppar
som en gruvlig hämnd
på alla svekfulla män.

Trollens guldgruva

De berättas att trollen
har en egen guldgruva
den kan man bara finna
under årets längsta dag
om man går vilse
i skogens morgondimma

Ur grottans väggar ska du finna
att det droppar guldringar
men du kan bara ta med dig
så många som du kan trä
på din hands fingrar

Drabbas du av guldfebern
och försöker ta med dig flera
blir du för alltid fast
i bergakungens sal
och får slita som slav.

Bastuvisans vänner

Bastuvisans vänner är ett sällskap som träffas den sista fredagen varje månad för att bada bastu vid Ångermanälvens strand och sjunga bastuvisor och berätta olika skrönor för varandra. Sällskapet har haft många kända medlemmar under åren som Nikko Hirvenpää och Yngve Gustavsson. Min far Helge Broman, som också var medlem i det här sällskapet, nedtecknade vid olika tillfällen några av alla de visor och berättelser som han hörde.

Min saliga far av Nikko Hirvenpää
Det är varmt i bastun idag
men inte lika varmt
som när min saliga far
skulle julbasta 1963

På morgonen tände han bastun
vid lunch lassade han in
några kubik björkved till
så att kaminen blev illröd

Vid middagstid
hade snön på gården
smält av värmen
tussilagon blommade
och träden knoppades
som om det vore våren

Vid kvällen steg farsan
in i den glödvita bastun
och självaste djävulen
sågs springa därifrån
med svansen mellan benen
för så in i helvetet hett
var det därinne

När han flera timmar senare
hade bastat klart
la han sig på sjön för att svalka sig

då sjönk han rakt genom
den metertjocka isen
och sen kunde vi pimpla kokt fisk
resten av vintern.

Bastuvisa (tillskriven Yngve Gustavsson)
Häll i, häll ut, håll ut
häll i en sup
häll ut en skopa
håll ut för än är det inte slut

Bästa bastubröder
mera ved, mera ved
mer ved på elden lägg
elda så kaminen glöder
är du karl för ditt skägg
sätt dig högst upp på laven
men har du ännu bara fjunet
sätt dig längre ner på tunet

Häll i, häll ut, håll ut
häll i en sup
häll ut en skopa
håll ut för än är det inte slut

Mera ved, mera ved
mer ved på elden lägg
kaminen den ska sjuda
och skorsten ljuda

värmepipan den glöder
och huden blir röder

Häll i, häll ut, håll ut
häll i en sup
häll ut en skopa
håll ut för än är det inte slut

Mera ved, mera ved
mer ved på elden lägg
vår bastulek är inte för de svaga
ge upp och släng dig i älva
förutom var vi många
men nu minskar snabbt
vår tappra skara

Häll i, häll ut, håll ut
häll i en sup
häll ut en skopa
håll ut för än är det inte slut

Löylyns hemlighet av Yngve Gustavsson
Märk platsen med slagruta
när månens fulla sken
speglar sig i vattnets spegel

Ta den finaste furen till panelen
och till laven använd tjäralen
skaffa en rejäl gjutjärnskamin

tjock och tung är den
bästa bastuugnen
fyll på med Nordingrågraniten
i det stora värmemagasinet

Rista till sist över härden runor
eldens tecken till Basturs ära
offra sedan i bastuelden
en sup och rökt björnkorv
en enriskvist och en klump kåda
blidka bastuguden
och be om evig värme och låga

Bind hängbjörkskvastar
till dina bastubröder
sjung och elda och skopa
skapa löylyns perfekta ånga
bjud på supar många
njut av dofterna när
trä, svett och stenar
sig i bastun förenar
där har du hemligheten bakom
bastubyggets framgångar.

En bastubroders bekännelse av Yngve Gustavsson
I den heta värmekällan
sitter jag och diktar i kvällan
låter fingrarna löpa över tangenterna
på min gröna skrivmaskin
de kallar mig för bastupoeten
för min moder födde mig under plågor
i bastuhettans heta lågor
min ungdom och ålderdom
tillbringade jag på bastulaven
och när döden släcker min låga
ska jag ligga lik i bastun.
då ska jag tvagas och svepas
inför den sista färden
när jag sen anländer till den eviga bastun
ska jag genast be bastumästaren
att lägga mera ved, mera ved
på den eviga elden
så det blir riktigt varmt
så som jag är van att ha det
och vi ska sedan ta en rejäl sup
och diskutera temperaturen
som gamla bastubekanta.

Balders bröder

Kring den romantiska diktaren Ola Oskar Hansson, känd för sitt mastodontdiktverk "Vikingakungen Orvars liv och äventyr" samlades under 1800-talet andra romantiska författare som Sten Björnrot, Erik Johan Johansson med flera. De hade en förkärlek för kämpavisor, naturromantik, hjältedåd och forntiden. Sällskapet tog namnet Balders bröder och arrangerade återkommande vikingaspel med diktuppläsningar vid Styresholmen vid Prästmon.

Av utrymmesbrist kan vi här bara ta med en del av Ola Hanssons episka dikter "Budbäraren" och inledningen till "Valdemars färd till Valhalla".

Budbäraren

I fullmånssken hänger jag
svingar sakta i vinden
från trädets breda grenar
med magiska runor
ristade på min hud

Yr känner jag hur
kraften lämnar kroppen
minnen och hågkomster
kraxar flaxande
kring huvudknoppen

Från trädets grenar
droppar det honungslena
det söta skaldemjödet
ner i min mun
väcker livet åter
och ur Mimers brunn
stiger en morgondröm

Hör mig alla Götars söner
Sveas systrar
nu när haspen lossnar
från min mun och tungan
rör sig lätt i gommen

Genom allfaders öga
spådomen framträder

vid Ales stenar
står stenväktare på led
väntande på att tända
fyrbåkarnas ved

I horisonten syns mörka skyar
svarta fanor som vajar
annalkande faror
som ansamlar sig

Väktaren stöter sitt Gjallarhorn
en signal ekar genom landet
en varning är tänd
genom Skandinaviens urberg
signalen växer till ett mäktigt skalv
ända upp till Kebnekaises topp
som darrande skakar och rämnar
och uppenbarar en spricka i tidens valv

Ur Ginnungadjupet
väller forntidens gudar
Valhallas salar töms
på valkyrior och enhärjare
stridsberedda kliver de fram
sida vid sida står de redo att strida

Jag ser att striden har börjat
den böljar fram och tillbaka
slagfältet fylls med blod

skrik och armod
tills den sista striden
balanserar på kniven
står och väger på sin spets

Tor sammankallar då
sina mannar och håller rådslag
bland de församlade
och ger sedan bud till budbäraren

Heimdall nio mödrars son
res genom nio världar
sök och finn Ask och Emblas son
han som barn badade i floden Gjölls
simmade i dess knivbladsvassa ström
han vars blod är Strid
och vars namn är Mod

Heimdall reser
bortom tid och rum
bekymrad, tyst och stum
hur ska han hinna finna Mod
en skygg skugga som syns kort
hos var kvinna och man
för att sedan upplösas
och försvinna bort

Heimdall knackar på hos Hel
den kutiga och blå

men aldrig tycks den late
öppna hennes dörr
för i dödens rike
står tiden stilla
allt är som det var förr

Hel bjuder till bords
svält och hunger
står till buds
svarar sen på Heimdalls fråga
att Mod finns inte i hennes rike
men hon minns
när han lekte som liten påg
vid Gjölls stränder
badade bland skarpslipade svärd
utan att få ett sår

Gossen som la sin lilla arm
kring halsen på Garm
kelade orädd med jycken
och gick var natt på egen hand
på upptäcktsfärd i dödens land

Heimdall suckar
över dystra besked
tackar för sig och går
stiger sen ner i Ägirs ämbar
där vågorna ständigt slår
kliver in i hans gyllene palats

fyllt med sjunkna skatter
ställer åter sin fråga
till sjögräskrönta konung
min gamla vän var är Mod?

Ägirs döttrar fnissar förtjusta
minns den starke svennen
som lekte orädd i stormens hetta
red på den högsta vågen
dök ner i djupen och slogs med Kraken
och lurade sjöormen att bita sig själv i baken

Men sen blir de tysta
fäller salta tårar av saknad
när de Heimdall svarar
ebb och flod har växlat
men Mod har inte passerat
...

Dikten fortsätt med att Heimdall reser vidare genom de nio världarna i sitt sökande efter Mod. Till slut finner han honom kelande med Fenrisulven i de otillgängliga träskmarkerna i Jotunheim. Heimdall lyckas övertala Mod att följa med tillbaka till slutstriden, slutversen i eposet lyder.

...

Mod på slagfältet stod
och ingöt nytt hopp och styrka
i varje stridande man och kvinna
trötta armar kunde åter svinga
hammare, spjut och klinga

och när fienden såg hur Mod
står orubblig vid Tors sida
gav modet dem vika
de la benen på ryggen och flydde
snart kunde Tor segerbägaren svinga
i Valhallas fullsatta salar
och på örnens starka vingar
spred sig ryktet om hur Mod
alltid segrar och besegrar
den som hotar svearnas rike.

Valdemars färd till Valhalla
Ugglan hoade på sin gren
vinden genom skogen ven
men vem rider i nattens timma sen
undrade Valdemar modig sven

Hovar mot marken dundrade
rustningar och vapen skramlade
Valdemar spanade och undrade
när det svarta följet sig avslöjade
och ur skogens mörker störtade
åttabenta springaren
bärande bringaren av Gungner
tät följd av åttahundra enhärjare

Valdemars häst satte av i galopp
fick vittring på stridens hetta
gick inte att få stopp på

störtade fram genom skogens grenar
korsade snart bron som förenar
människornas hem med asarnas gård

Framme vid Valhalla blev det halt
Odin sina krigare in i salen bjöd
alla åttahundra gick samtidigt i bredd
ingen kom först eller sist
till bordet som var välförsett
med Särimners feta kotlett
och aldrig sinade stop med mjöd

Valdemar blev rådvill stående på gården
när Odin gick fram till pågen
Allfader såg enögd på Valdemar
la handen på hans axel och sa kargt:
Du är än ingen krigare
som stupat i striden
ingen av mina tappra enhärjare
som kämpar på tusenmilaslätten
din tid är ännu inte kommen
många år ser jag förflyter
innan du ögonen sluter
men jag ser att du tillhör
den tappraste av hjälteätter
striden flyter i ditt blod
och i ditt hjärta bor mod

Stanna därför ett tag
som min gäst
vi fördriver tiden
med att äta och strida
så kommer du att bli
en av dem som får strida
vid min sida
när Heimdall blåser hornet
till den sista striden...

Verseposet fortsätter med att beskriva hur Valdemar tränas av Odin och enhärjarna och får vara med om många äventyr, strapatser och strider. När Valdemar är en gammal man skickar Odin hem honom. När han kommer tillbaka till Midgård så inser han att han bara varit borta en timme och han är fortfarande en ung sven. Eposet fortsätter sedan med att berätta om Valdemars liv om hur han blir en berömd och hjältemodig krigare. På sin hundraårsdag kommer sedan Odin för att hämta hem honom till Valhalla för att vara med i slutstriden vid Ragnarök. De sista tusen verserna i eposet handlar hur Valdemar strider modigt vid Odins sida.

Slaget vid Getsvedjeberget av Sten Björnrot
På den smala kanten av branten
med det svindlande stupet nedanför
stod Svein vår tappre kämpe
öga mot öga med en krigarhär

Svein greppade hårt sin stridshammare
kände den tunga hammaren i sin hand
kände hur vinden lekte i hans blonda hår
hur musklerna spändes
som en pilbågssträng

Med ett stridsrop anföll krigarna
deras svärd, yxor och spjut blixtrade
deras blickar var full av mord
men Svein stod stilla och väntade
balanserade på stupets kant
uppfylld av lugn och mod

Precis innan krigarna nådde fram
gjorde Svein ett jättehopp
slog i luften en volt och stod
plötsligt bakom fiendes linje

Snabbt svinga Svein sin stridshammare
och slog med all sin kraft
mot klippans sten som sprack
och rasade ner i djupet
krigarna störtade skrikande

ner i Hels kalla famn
medan Svein stod lugn
kvar vid stupet.

Striden mot Igelhuggen av Sten Björnrot
Vid Finnmarkens otillgängliga myrar
bor den fruktade Igelhuggen
till hälften ettersprutande huggorm
till hälften sylvassskjutande igelkott
hopslingrad i sin stinkande håla
vaktar den en skatt av guld

Svein orädd påg såg sig hågad
att tampas med besten
pröva sina krafter med monstret
smög sig försiktigt fram till dess håla

Genast ur djupet slingrade
den etterstinkande Igelhuggen
sköt sina sylvassa pålar
en svärm av dödliga pilar
mot Svein orädd påg

Snabb och kvick i bena
Svein orädd gena
genom den dödliga skogen
höjde sitt svärd och drev
det med full kraft
rakt in i Igelhuggens hjärta

Skalder sjung om Svein
rista runor i sten
om Svein orädd påg
som rädda oss från
Igelhuggens plåga
i striden han vann
både mod, ära och rikedom.

Förmultad brud av Erik Johan Johansson
Det kom ett brev
med ett sorgligt besked
att min älskade stått brud
i likvit bröllopskrud
att Döden tagit henne till sin maka
att hon nu låg och förmultnade
som maskarnas bröllopskaka
av beskedet mitt hjärta brast
och sen den dagen blev
min kärlekslåga en evig plåga

Men några år senare
fick jag henne åter skåda
min älskade var återuppstånden
från gravens mörka låda
mina kinder rodnande
och mitt hopp återvände
jag strödde rosor längs hennes stig
skrev kärleksdikter om hennes liv

Men nu ångrar jag grymt
det grymma spratt
som min Julia spelade
och att jag som Orfeus
tog min Eurydike åter

Mitt hjärta är krossat
min älskade har ånyo rymt
med en ny fästman
ensam står jag kvar
övergiven och sårad
och fäller bittra tårar.

Över älvens gryning av Erik Johan Johansson
Anna du är solens strålar
som ler och himlen målar
med gryningens skära färger
jag ser hur ditt anlete
från himlens eviga valv
sig i älven speglas
men bakom bergen
mörka moln sig anhopa
solen täckas av en mörkblå duk
och din bild suddas ut
den upplöses som en dröm
när vindarna och vågorna
piskar sönder vattenytan
Anna nu slocknar solens strålar

och mitt hjärta står åter
ensamt i stormen
och sorgset vrålar.

En sommardröm av Erik Johan Johansson
Anna min Anna
du var som en sommardröm
en mild och skir dimma
på skogens blomstrande äng

I drömmarnas land
såg jag bara dig
och ingen annan
men så steg solen
mot himlens välvda valv
och upplyste mitt sinne
med sitt starka sken
och morgonens dimma skingrades
och jag vaknade åter ensam
i min ensliga säng.

Sågarbetarföreningen avdelning 54

I det litterära utskottet till Sågarbetarföreningen avdelning 54 var Torgny Lundbom från Sandviken verksam i början av 1900-talet. Han skrev kampvisor och proletära dikter som publicerades i olika pamfletter eller i fackliga tidskrifter i länet.

Jag har inte lyckats utröna vilka fler som var engagerade i det litterära utskottet, trots att Lundbom hävdat att de var "väldigt många". Hans namn är dock det enda jag hittat i arkiven.

Bröder som sågar
längs älvens sågar
som sliter bland sågspån
som sågar timmer till plank
är ni inte liksom jag
trött på att ständig vara pank
är det inte dags att kräva
högre lön för vårt slit
och låta klingan stanna
och förena oss tillsammans
för bättre arbetsvillkor
alla bröder som sågar
längs älvens sågar
låt oss gå ut i en gemensam strejk!

**

Det är inte fabrikören som sågar
som står i sågspån hela dagen
och får utslag på armarna och magen
det är inte fabrikören som ror
längs älven så att svetten lackar
som flottar timret till våra sågar
och får blåsor i händerna

Nej, bröder det är vi som sliter
längs älvens alla sågar
det är vi som dagligen plågas
och vad är lönen för vår möda

den räcker knappt till att föda
våra familjer och barn
nu får det vara nog bröder
nu lägger vi ned arbetet
och går hem för dagen!

**

Nu är det slut bröder
att stå med mössan vid grinden
och att vända till andra kinden
nu höjs vår röda fana
i den starka vinden
så slut upp bröder
slut upp
nu nalkas nya och bättre dagar
för vår fackanslutna skara.

**

Bröder, brännvinet och spriten
leder bara till fördärvet
men den får du köpa på krita
trots att du är pank som en lus
men medicinen
mot hostan och värken
den ska betalas kontant
annars vräks du från ditt hus

Vi behandlas sämre än kreaturen
de får iallafall tak över huvudet
och mat för dagen
för sitt slit hos sina herrar
nej, bröder det är dags att säga stopp
och låta varje man och kvinna
åter få bestämma över sin kropp
och kräva det som är rimligt
vi kräver fri sjukvård
och skälig timpenning
det är inte mer än rätt.

Hippesällskapet Myrens Moder

Sommar 1967 bildade några stockholmare ett hippiekollektiv i skogarna utanför Sollefteå. Till gruppen anslöt sig även en del lokalbor. En av dem var en ung Nils Näslund som kom att bli en tongivande poet i gruppen. När hösten kom med kyla och snö splittrades gruppen och stockholmarna reste hem. Nils Näslund kom dock att fortsätta sin poetiska bana men den tog med åren en helt annan inriktning. Här är några av de dikter och visor som Nils Näslund skrev under sommaren 1967.

Broder gräs du är så skön och grön
syster sol du är så go och gul
moder jord du är så generös
min solidaritet är också stor
för här ligger jag naken på ryggen
och utfodrar den utsvultna myggen
endast iklädd i ett par skor
min kropp blir prickig röd
när jag delar med mig av mitt överflöd.

**

Tjo va d ä livat i holken ikväll
det puffar så skönt av grönt
när klorofyllan fyller kroppen
man blir så happy av braj
att man slänger av sig sin blå kavaj
trippar naken runt bland molnen
solen skiner så kittlande skönt
på majstången mellan bena

Tjo va d ä livat i holken ikväll
det puffar så skönt av grönt
när klorofyllan fyller kroppen
man känner sig som ett med naturen
när man går längs Sollefteå ströget
och sjunger högt för en själv
men då kommer plötsligt snuten
de tjuter och skjuter

börjar slå och vill inte förstå
att även Adam och Eva
var ju nakna i paradiset

**

Broder släpp din spade
säg upp dig från det kommunala
Syster ställ ner din hink
sluta slita ut dig för staten
befria dig för löneslaveriet
lev fri med oss i naturen
livet behöver inte vara tungt
lev på bär och rötter från marken
och känn dig fri i tanken
vem behöver saker och pengar
när man kan bo i skogen
och sova i naturens sängar
syster och broder anslut er
till vårt kollektiv av kärlek
befriad er från vardagens
ständiga slit och svek.

**

Jag är omsluten av naturen
jag känner hur vinden viskar
barndomens minnen
om snabba fötter som springer
på slingrande stigar
om granar som doftar av kåda
hur farfar står och sågar
måsar som skriker och gäddan som slår
åran klyver vattenytan
flötet guppar på spegelytan
fötterna i vattnet
solen som gassar
masken slingrar sig i burken
fisken som sprattlar
hjälplös på durken
jag känner mig så fri
i vårt hippiekollektiv.

I lag med orden

Nils Näslund som i slutet av 60-talet hade ett förflutet som poet i hippiekollektivet "Myrens Moder" bröt radikalt efter några år med sitt tidigare liv när han blev kommunpolitiker för Moderaterna i Sollefteå. Tillsammans med några andra konservativa poeter bildade han den löst sammansatta grupperingen "I lag med orden" som resulterade i en diktsamling med samma namn. Vi har valt några dikter ur samlingen.

Samhällets fundament muras bäst
på en stadig grund av tegel
samhällets bas byggs bäst
efter ritning, lod och vattenpass

För vad vore ett samhälle
utan lagar och regler
det är det som lägger grunden
för vår framgångssaga

Så poet låt dig inte vilseledas
av kufiska strömningar
håll ordning på orden
följ grammatikens regler
gör inget dumt
och flumma runt
för då blir ditt verk
bara en massa strunt.

**

Hippe, jag talar till dig
klipp dig och skaffa dig ett jobb
ligga inte där och slöa
tillsammans ska vi skörda
morgondagens gröda

När hjulen snurrar
och produktionen ökar
då bidrar vi alla
till samhällets bästa.

**

Drömmare släck din pipa
och sluta lipa
över att livet är svårt
kavla istället upp armarna
och börja jobba hårt

Framtidens breda Väg
byggs med effektivitet
och kapital från näringslivet
det är det som skapar
en stark framtidstro.

www.ingramcontent.com/pod-product-compliance
Lightning Source LLC
Chambersburg PA
CBHW060642030426
42337CB00018B/3416